CATALOGUE

DE

BELLES TAPISSERIES

D'APRÈS

BÉRAIN & OUDRY

Étoffes — Costumes — Tentures — Tapis

MEUBLES ANCIENS

Bronzes — Sculptures — Porcelaines — Faïences

Objets de vitrine et de curiosité

DES XVIᵉ, XVIIᵉ ET XVIIIᵉ SIÈCLES

TABLEAUX ANCIENS

Miniatures — Dessins — Pastels — Gouaches — Gravures

Portraits de l'école française

DONT LA VENTE AURA LIEU

Par suite de départ de M. de X...

HOTEL DROUOT, SALLE Nº 1

Les Lundi 23 et Mardi 24 Mars 1891

à 2 heures

Par le ministère de Mᵉ **G. BOULLAND**, commissaire-priseur

26, rue des Petits-Champs, 26

Assisté de **M. A. BLOCHE**, expert près la Cour d'appel

25, rue de Châteaudun, 25

Chez lesquels on trouve le présent Catalogue.

EXPOSITION PUBLIQUE

Le Dimanche 22 Mars 1891, de 1 heure 1/2 à 5 heures 1/2

CONDITIONS DE LA VENTE

La vente sera faite *expressément* au comptant.

Les acquéreurs payeront en sus des adjudications *cinq pour cent*, applicables aux frais de la vente.

L'exposition mettant les acquéreurs à même de se rendre compte des objets vendus, aucune réclamation ne sera admise une fois l'adjudication prononcée.

Paris. — Imp. de l'Art, E. Ménard et Cⁱᵉ, 41, rue de la Victoire.

Vente après départ de M. de X...

HÔTEL DROUOT, SALLE N° 1

Les Lundi 23 et Mardi 24 Mars 1891

BELLES TAPISSERIES

D'APRÈS

BÉRAIN & OUDRY

OBJETS D'ART ET D'AMEUBLEMENT

DES XVIᵉ, XVIIᵉ ET XVIIIᵉ SIÈCLES

TABLEAUX

Mᵉ G. BOULLAND
COMMISSAIRE-PRISEUR
26, rue des Petits-Champs, 26

M. A. BLOCHE
EXPERT
25, rue de Châteaudun, 25

EXPOSITION PUBLIQUE

LE DIMANCHE 22 MARS 1891

de 1 heure 1/2 à 5 heures 1/2.

Désignation des Objets

TAPISSERIES

1 — Très belle tapisserie de Beauvais, du temps
de la Régence, exécutée d'après un carton de
Bérain. Elle représente, sur fond vieil or,
un portail à colonnades enguirlandées de
fleurs avec balustrade ornée de vases et de
plantes. Au milieu, sous un palanquin, on
voit un buste de Priape qu'une nymphe pare
de fleurs qu'elle prend dans une corbeille.
C'est un petit fou accompagné d'une chèvre
qui la lui présente. De chaque côté arrivent,

en dansant, des femmes en riches costumes, jouant du tambourin Au-dessus de l'archi-tecture, des paons et autres oiseaux, et, au milieu, sous un arceau, un aigle aux ailes déployées. De chaque côté, des bustes de femmes ailées sur des bannières ornées de pampilles. Bordure à feuilles d'acanthe et écussons en jaune, de différents tons, sur fond bleu.

2 — Suite de quatre [1] belles tapisseries anciennes d'Aubusson, d'après Oudry, représentant des paysages dans le goût chinois, avec pavillons à colonnades, pagodes et riche végétation, fleurs de toutes sortes, palmiers et grandes plantes. Au bord des rivières, dans les par-terres de fleurs, des cigognes, des ibis, des hérons, des faucons, poules, dindes, coqs, et, dans les arbres, des perroquets et autres oiseaux aux plumages multicolores répan-dant une note très décorative dans les paysages. Bordure à fleurs et ornements.

1. Deux des panneaux forment une seule pièce de tentures. Leurs bordures ayant été conservées, ils peuvent être facilement réunis dans leur état primitif et former deux tapisseries.

3 — Tapisserie ancienne représentant une forêt avec chaumière en perspective.

4 — Tapisserie représentant une scène de l'histoire ancienne avec bordure à ornements, xviie siècle.

4 *bis*. — Pante et médaillon en ancienne tapisserie de Bruxelles, dessin délicat, ornements. paons et cariatides, inspiré de Bérain.

ÉTOFFES — COSTUMES

5 — Suite intéressante de larges bandeaux de la Renaissance, à fond de satin jaune, dessin vases de fleurs, rinceaux et feuillages en application de velours de soie et de broderie polychrome sertis de cordonnet de soie. — Long., 14 m. 45 cent.

6 — Suite de bandes de la Renaissance, plus étroites. Même travail. — Long., 10 m. 18 cent.

7 — Belle robe Watteau en soie bleu pâle broché, à dessins blancs. Époque Louis XV.

8 — Habit du temps de Louis XVI, en soie épinglée, gorge de pigeon, orné de broderies au crochet.

9 — Trois bandes en satin rouge ornées de broderies d'or et de soie, dessin délicat du xvie siècle.

10 — Petit manteau de Madone en broderie de soie multicolore sur fond de soie blanche. Louis XIII.

11 — Manteau de Madone en faille blanche brodé en fin aux armes de Ferdinand III, d'Espagne.

12 — Gilet en satin blanc brodé au crochet, du temps de Louis XVI.

13 — Deux gilets en satin brodé d'argent et en soie rayée. Louis XVI.

14 — Costume de gentilhomme du temps de Louis XVI, habit en soie épinglée, couleur tabac d'Espagne, et gilet faille blanche, tout brodé de soie avec culotte de même nuance que l'habit.

15 — Jolie bande en broderie, à petits médaillons : amours, branchages et fleurs sur fond de soie crème du temps de Louis XVI.

16 — Belle chasuble avec étole et manipule en satin vert ciselé, garnis de bandes de broderie en fin ; dessin à arabesques et dentelle. XVIe siècle.

17 — Quatre pièces de costume arabe.

18 — Pointe de fil de lin brodée au cordonnet.

19 — Chape en dauphine bleu clair, brochée à bouquets de fleurs. Époque Louis XV.

20 — Lot de morceaux de tapisserie et d'étoffes anciennes.

21 — Deux lambrequins en satin jaune brodé à fleurs et ornements. Époque Louis XIV.

22 — Beau tapis de prière ancien, tout en broderie d'or et applications ; dessin très riche

et combiné, à palmes fleuries et ornements en polychrome, sur fond blanc.

23 — Curieux tapis espagnol, à armoirie et inscription : la vicomtesse de los Villarès, en couleur sur fond vert.

24 — Deux chaussures en velours rouge brodé. XVIe siècle.

25 — Trois décorations de croisées composées de six grands rideaux et de trois draperies, formant bonne grâce, en pékin rouge avec garnitures et embrasses assorties. — Haut., 3 m. 55 cent.

26 — Suite de draperies analogues à celles des rideaux précédents, décorant le tour d'un salon.

MEUBLES

27 — Ameublement de salon Louis XVI, composé d'un canapé et quatre fauteuils en bois sculpté et doré, dessin à piécettes enfilées avec nœuds de rubans en haut des dossiers, pieds cannelés, couverts en pékin rouge rayé. Bois en partie du temps, avec coussins de différentes formes, en velours rouge, dit d'Utrecht.

28 — Jolie bergère Louis XVI, en bois sculpté et doré, même dessin, couverte ainsi que le coussin de damas blanc brodé à guirlandes, nœuds de rubans et gerbes de fleurs.

29 — Beau bureau à contours, de style Louis XV, en bois de violette richement garni de bronzes ciselés et dorés, rocailles à fleurs et feuillages.

30 — Grande table rectangulaire en noyer ciré à deux allonges avec piétement et entrejambe à balustres cannelés. Style XVIᵉ siècle.

31 — Douze chaises carrées en noyer ciré, pieds
cannelés avec croisillons, couvertes en panne
rouge, garnies de clous de cuivre. Style
XVIᵉ siècle.

32 — Deux meubles vitrines dits argentiers, en
noyer ciré, avec balustres détachés sur les
côtés. Style XVIᵉ siècle.

33 — Lustre flamand en cuivre poli, à dix-huit
lumières.

34 — Deux fauteuils en bois sculpté rechampi
de blanc, couverts de tapisserie d'Aubusson,
dessin : vases de fleurs, rinceaux et guirlandes, du temps de Louis XVI.

35 — Grande cheminée en chêne sculpté, dessin
à rocailles.

36 — Deux chaises Louis XV, en bois laqué
blanc relevé d'or, couvertes en satin rouge.

37 — Deux grands fauteuils en bois sculpté,
sièges hauts, bras plats couverts de cuir brun,

dossiers dorés au petit fer avec écussons aux armes royales de France. Époque Renaissance.

38 — Deux grands fauteuils en noyer sculpté rehaussé de vestiges de dorure, bras à volutes, devants et traverses, dessin à ornements, couverts en brocatelle fond jaune, dessin **rouge**. Époque Louis XIII.

39 — Trois grands fauteuils en bois sculpté, couverts en tapisserie au point, à fleurs et ornements. Époque Louis XIV.

40 — Chaise en bois sculpté, laqué noir et or, Louis XV, couverte en velours rouge.

41 — Petite toilette de chevet en bois rose s'ouvrant à trois compartiments, pieds à contours. Époque Louis XV.

42 — Grand et beau meuble d'aspect architectural en bois sculpté et marqueterie, s'ouvrant à deux portes avec panneaux à frontons têtes de chérubins et ornements. Époque Louis XIII.

43 — Grand meuble à deux corps formant armoire et fontaine, d'aspect architectural, en bois sculpté et marqueterie. Époque Louis XIII.

44 — Console en bois sculpté et doré, dessin à rocailles Louis XV; dessus en marbre gris.

45 — Deux consoles en acajou à dessus de marbre. Premier Empire.

46 — Mobilier de salon premier Empire en acajou et lampas jaune broché, composé de quatre canapés et douze fauteuils.

47 — Commode époque Louis XV, en bois de rose orné de bronzes dorés; dessus en marbre rosé.

48 — Écran en bois noir avec panneau brodé dans le goût chinois.

49 — Coffre en chêne sculpté avec cartouche de serrure en fer du xve siècle, côtés ornés comme la façade.

50 — Douze chaises Louis XV en bois laqué noir, couvertes en bleu.

51 — Bureau en bois noir et marqueterie d'ivoire, surmonté d'une pendule. Style xvie siècle.

52 — Commode en marqueterie de cuivre, fond écaille de l'Inde. Style Louis XIV.

53 — Paravent à trois feuilles, époque Louis XV, peinture sur toile.

54 — Petite commode ancienne à deux tiroirs en marqueterie de fleurs de couleur. Travail hollandais.

55 — Table-toilette du temps de Louis XV, en marqueterie de bois rose et palissandre, ornée de bronzes ciselés de style.

56 — Miroir de toilette biseauté avec cadre en ancien cristal de Bohême gravé à fleurs et ornements rocailles.

57 — Table de salle à manger en bois sculpté.

58 — Six grilles forme fers de lance en acajou.
Louis XVI.

59 — Environ 40 mètres de baguettes dorées.
Louis XV.

60 — Secrétaire en marqueterie et bois de rose,
orné de bronzes. Louis XVI.

61 — Vitrine à deux portes en acajou.

62 — Table-bureau en acajou à pieds tors.

63 — Beau meuble-cabinet en ancienne laque
noire à rehauts d'or, décor paysages chinois,
garniture en cuivre doré et gravé. Sur console laquée.

64 — Joli petit meuble à deux corps en bois
sculpté s'ouvrant à un battant, avec tiroirs à
hauteur d'appui. XVIe siècle.

65 — Très jolie chaise longue en bois sculpté et
doré, couverte en soierie rayée et brochée à
bouquets de fleurs. Louis XVI.

66 — Petit bureau de dame en bois de rose garni de bronzes, s'ouvrant à dos d'âne. Époque Louis XV.

67 — Table-bureau avec tiroirs en bois de rose orné de bronzes. Louis XVI.

68 — Coffret de mariage en chêne sculpté avec pieds formés de cariatides. Époque Henri II.

69 — Cartonnier en laque du temps de Louis XV.

70 — Deux supports en bois de fer de Chine sculpté avec dessus de marbre.

BRONZES

71 — Très belle statuette en bronze, patine brune : Muse assise tenant une lyre ; sur socle en granit rose d'Orient, orné de bronzes. Époque Louis XVI.

72 — Très jolie statuette en bronze, même époque, faisant pendant à la précédente.

73 — Groupe en bronze : Hercule arrachant la robe de Nessus. Époque Louis XIV. Sur socle en marqueterie.

74 — Autre groupe en bronze : sujet mythologique de la même époque, faisant pendant au précédent.

75 — Deux beaux groupes en bronze argenté, d'après l'antique, représentant des centaures; sur socles en porphyre oriental.

76 — Pendule, modèle à cage, en bronze ciselé et doré, richement garnie de trophées, de nœuds de rubans et de guirlandes de roses, sur socle en marbre rouge Louis XVI. (Provient de la vente Beurdeley.)

77 — Deux cassolettes sur trépieds, à têtes de femmes, en bronze ciselé et doré, sur socles en marbre rouge. Époque Louis XVI.

78 — Pendule du temps de Louis XV, partie en bronze fumé, avec ornements et figures de la Comédie italienne, en bronze doré.

79 — Paire de candélabres du temps de Louis XVI, formés par des groupes d'amours enlacés, en bronze patine noire, portant des bouquets de pavots et de roses en bronze doré ; sur socles en albâtre oriental.

80 — Petite pendule à cage avec vases et guirlandes en marbre blanc et bronze doré. Époque Louis XVI.

81 — Deux petits brûle-parfums formant flambeaux, modèle trépied, en marbre blanc et bronze doré. Époque Louis XVI.

82 — Paire d'appliques à deux lumières, en bronze doré, ornées de rubans et de feuilles de lierre. Louis XVI.

83 — Deux petites bouteilles en vieux Chine, décor à chimères et figures ; monture en bronze doré.

84 — Carpe en vieux Japon polychrome ; monture en bronze doré, à rocailles.

**

85 — Deux potiches avec couvercles en vieux Japon; décor à animaux fantastiques.

86 — Paire de vases Louis XVI en spath fluor violet; monture en bronze doré.

87 — Christ en ivoire, avec cadre en bois sculpté et doré. Époque Louis XIV.

88 — Joli bas-relief en fer repoussé et finement gravé, représentant Diane de Poitiers sous un aspect mythologique. Travail du XVIe siècle. Cadre en écaille.

89 — Christ en bronze doré, fonte d'une excessive légèreté. XVIe siècle.

90 — Plat en faïence de Bernard Palissy, représentant le Baptême.

91 — Paire de grands chenets en bronze, du temps de l'Empire, modèle sphinx et balustrades, avec vestiges de dorure.

92 — Grande pendule en bronze vert du pre-

mier Empire : figure allégorique de la Poésie
s'appuyant sur un monument orné de bas-
relief.

93 — Paire de candélabres en bronze vert du
premier Empire, formés de figures de génies
ailés portant des bouquets à cinq lumières, en
bronze doré.

94 — Lustre en cuivre poli, richement garni de
plaquettes, de pyramides et de fleurs, en
cristal taillé et verre de Bohême. Époque
Louis XIV.

95 — Quatre appliques, même modèle.

96 — Coupe en cuivre étamé et découpé à jour.
Travail arabe.

97 — Bas-relief en bronze : Portrait de Mme de
Bergeret, femme du fermier général.

98 — Pendule forme cage en bronze ciselé et
doré, avec oiseaux ; mouvement à musique.
Époque Louis XVI.

99 — Suspension pour une lampe en cuivre.

100 — Jeu dit *Cavagnol*, du temps de Louis XVI.

101 — Beau Christ en bronze finement ciselé et doré, sur croix en jaspe de Sicile, garnie de bronze. Époque Louis XIV.

102 — Sabre à lame courbe en fer bleui et gravé, poignée et fourreau en cuivre doré. Premier Empire.

103 — Statuette en bronze, d'après Marin : la Source.

104 — Petite pendule du temps de Louis XVI, en bronze, forme monument, enguirlandé de lauriers.

105 — Petit cartel en bronze. Époque Louis XVI.

106 — Beau buste du *Baron Gros*, en bronze fondu creux à cire perdue, œuvre de De Bay. Signé et daté 1836; sur colonne couverte en velours noir.

SCULPTURES

107 — Buste en marbre : figure de la mythologie.
Époque Louis XIV.

108 — Buste de femme en marbre : Allégorie de
la Modestie.

109 — Deux jolies colonnes en granit rose oriental.

110 — Deux aiguières en marbre rouge d'Orient ;
monture en bronze doré.

PORCELAINES — FAIENCES — BISCUITS

111 — Joli groupe en biscuit de Sèvres représentant le Déjeuner de la reine ; composi-
tion de quatre figures.

112 — Grand vase en ancienne terre de Lor-
raine, orné d'une guirlande de laurier, avec

couvercle surmonté d'un casque à panache, décor partie rehaussée d'or.

113 — Deux bustes en biscuit : D'Alembert et Diderot.

114 — Médaillon représentant Marie-Antoinette.

115 — Belle soupière avec plat et couvercle en faïence de Samadet, décor à fleurs en relief et sujets d'après Callot.

116 — Gourde de vieux Nevers offrant d'un côté le Baptême du Christ avec inscription : Jean-Baptiste Lasalle, 1788 ; et de l'autre côté : le Suisse de Saint-Pierre et inscription indicatrice au-dessous.

117 — Plaque de carrelage en faïence de Puente d'Arzobispo.

118 — Groupe curieux de Satzuma : Divinité des mers assise sur les flots, donnant la main á une grenouille.

119 — Gourde fond bleu à rehauts d'or, décor genre chinois.

120 — Coupe de Rouen, décor bleu à rosace et ornements.

121 — Plat à salières et étoile en Nuremberg, décor bleu.

122 — Groupe : la Jeune Mère, en blanc de Saxe.

123 — Figurine : Jardinière en blanc de Saxe.

124 — Buste en biscuit de Lunéville : Personnage du temps de Louis XV.

125 — Sucrier en vieux Sèvres fond bleu à rehauts d'or, médaillons à fleurs.

126 — Deux vases en vieux Berlin, anses à têtes de béliers, décor guirlandes de raisin en relief et en blanc.

127 — Huit assiettes en vieux Sèvres, pâte ten-

dre, médaillons et bordures à guirlandes de fleurs, filets bleus à rehauts d'or.

128 — Assiette en ancien Frankenthal, bords gaufrés, décor oiseaux.

129 — Deux assiettes de Tournai à la fleur d'or.

130 — Assiette de Moustiers à guirlandes en manganèse.

131 — Deux assiettes de Marseille à fleurs.

132 — Groupe : Femme et enfant en terre cuite peinte.

133 — Plaque de Delft, décor polychrome à sujets chinois.

134 — Deux autres, décor à la cage.

135 — Plat octogone de Moustiers, décor bleu.

136 — Huit assiettes en ancienne faïence française, Strasbourg, Nevers.

137 — Deux assiettes de l'Inde, décor à fleurs rouge et or.

138 — Plat de Nevers, décor bleu.

139 — Petit plat creux en cuivre repoussé. XVIIᵉ siècle.

140 — Soupière de Montpellier, fond jaune à fleurs.

141 — Deux plats de Rhodes, décor à palmes.

142 — Plat de Rhodes, décor ornements.

143 — Deux plats en grès émaillé de Munich, dessin à ornements en bleu sur gris.

144 — Deux assiettes de Chine, décor bleu.

145 — Deux grands plats de vieux Vienne, fond gaufré à fleurs.

***

146 — Assiette de Nevers, décor à la Bastille.

147 — Petit plat de Strasbourg à fleurs.

MINIATURES

148 — Miniature ovale sur ivoire : Portrait de jeune femme en robe blanche, corsage décolleté. Signée *Dun*. Cadre bois, cercle cuivre.

149 — Miniature ronde sur ivoire : Jeune Femme, d'après Greuze. Cadre en cuivre.

150 — Miniature ronde sur ivoire : Vénus et l'Amour. Grisaille dans la manière de Sauvage. Cercle en cuivre.

151 — Belle miniature ronde sur ivoire : Portrait de jeune homme du temps de la Révolution. Attribuée à Dumont. Cercle en or.

152 — Belle miniature ronde sur ivoire : Portrait de dame à chevelure blonde bouclée avec rubans orange, robe de mousseline blanche. Attribuée à Dumont. Cercle en or.

153 — Petite miniature ovale sur ivoire : Portrait de jeune femme coiffée en Cérès. Cercle or. Louis XVI.

154 — Miniature ronde représentant une dame du temps de Louis XV assise dans un jardin, tenant un livre : *l'Art de plaire*, de Gentil Bernard, sur ses genoux dont un amour écrit le titre. Signée : Le Fèvre, 1756. Cadre velours.

155 — Bonbonnière en poudre d'écaille noire avec miniature sur ivoire : Portrait de dame du temps de Louis XVI. Cercle en or.

156 — Tabatière en poudre d'écaille avec fixé représentant une vue du parc et du château de Versailles animée de nombreuses figures.

157 — Petit médaillon rond, crayon et gouache : Bords de rivière avec figures. Signé : Desfriches. 1785.

158 — Miniature ronde sur cuivre : Portrait d'Eléonor de Longueville. xvie siècle.

159 — Petite miniature ovale : Portrait d'homme
du temps de Louis XIV. Attribuée à Bordier.

160 — Petite miniature ovale : Portrait d'officier des gardes de Louis XV.

161 — Miniature sur vélin : Portrait de l'école
d'Holbein.

162 — Miniature sur ivoire : Portrait du peintre
Greuze, attribué à Fragonard, avec cadre de
l'époque.

163 — Miniature sur ivoire, époque Louis XVI :
Amour décochant un trait. Cadre du temps.

164 — Petit dessin à la sanguine : Jeune Femme
assise tenant un chien. Attribué à Mme Vigée-
Lebrun.

165 — Éventail en vernis Martin, représentant,
d'un côté, une reine présidant à l'hyménée de
personnages de sa suite et, de l'autre, un
paysage avec figures époque Louis XV, dans
son écrin.

166 — Miniature : Portrait de femme dans le genre de Cosway, montée sur une bonbonnière.

167 — Miniature : Portrait de femme représentée en Diane. Cadre Louis XVI en bois.

168 — Petite bonbonnière avec miniature : Portrait de femme coiffée d'un chapeau Louis XVI.

169 — Grande miniature du temps de l'Empire, représentant une jeune femme jouant du clavecin.

170 — Petite miniature ovale : Portrait de jeune fille.

171 — Deux petites peintures en camaïeu.

172 — Petite peinture : Marine.

173 — Miniature : la Laitière, genre de Greuze. Cadre en bois Louis XVI.

174 — Miniature : Portrait de femme en costume
Louis XVI, fichu jeté sur les épaules, ruban
au cou et fleurs dans les cheveux, montée sur
une bonbonnière.

175 — Deux petits fixés ronds : paysages.

176 — Onze miniatures diverses : Portraits
d'hommes et de femmes.

OBJETS DE VITRINE ET DE CURIOSITÉ

177 — Haut-relief sur buis représentant un personnage en costume de la Renaissance dans
un petit médaillon.

178 — Deux mains gauches avec fourreau en fer
gravé de Tolède.

179 — Médaillon en camaïeu bleu : scène allégorique dans laquelle figure le buste de
l'impératrice Eugènie.

180 — Trois médailles commémoratives, dont
deux en argent, une en cuivre.

181 — Pièce de monnaie d'or arabe et autre en argent.

182 — Petit émail : Portrait de femme. Époque Louis XVI.

183 — Monocle en argent doré.

184 — Médaillon : profil de femme. Terre cuite.

185 — Paire d'étriers miniatures en cuivre ciselé et doré. Louis XVI.

186 — Cuillère en vermeil de l'Empire.

187 — Gaine en cuir doré au petit fer et fleurdelisée.

188 — Trois petits moulages : sujets variés.

189 — Trois ornements en cuivre doré provenant de croix. Louis XIII.

190 — Éperon en fer rehaussé de dorure.

191 — Douze pièces : coupe, dessus de boîte, cadenas, deux presses bois rose, deux pointes de flèche, paire de castagnettes, bouton et poids arabe en verre.

192 — Grelot de chameau en cuivre.

193 — Main en bronze rehaussé de vestiges de dorure, fragment de reliquaire du XVIe siècle.

194 — Tablier, ornement de meuble en bronze doré. Époque Louis XVI.

195 — Deux poignées de commode. Louis XV.

196 — Gratte-dos en buis sculpté.

197 — Applique ornementale en bronze doré, fondue à cire perdue, tête de chérubin et consoles avec banderole.

198 — Boîte à compas avec tous les instruments en argent. Sur une équerre on lit : *Canivet*, à la Sphère. Paris, 1759.

199 — Pied de calice en cuivre avec inscription gravée dans des médaillons du xviiᵉ siècle.

200 — Deux moutons en terre cuite peinte. Travail napolitain du xviiiᵉ siècle.

201 — Groupe de volatiles. Même travail.

202 — Joli cadre en bois sculpté et doré du temps de Louis XIV, dessin à rocailles et coquilles.

203 — Quatre bas-reliefs en bois sculpté : les Évangélistes. Fin du xviᵉ siècle.

204 — Bas-relief sur cuir : le Jugement dernier.

205 — Petite glace d'entredeux avec cadre en bois sculpté et doré du temps de Louis XVI.

206 — Miroir formé de quatre glaces biseautées avec cadre en bois doré. Louis XVI.

207 — Trois petits cadres en bois sculpté.

208 — Petit éventail de l'Empire en écaille blonde.

209 — Paire de pistolets du temps de Louis XIV.

210 — Médaillon rond : portrait de Mme de Jarente, bas-relief de Nini, patine bronze.

211 — Cadre Louis XIII représentant le Christ entouré de divers sujets en ivoire gravé.

212 — Coffret ancien en maroquin doré au petit fer.

213 — Onze éventails du temps de Louis XV et de Louis XVI.

214 — Six couteaux anciens avec manches en pâte tendre de Chantilly. Décor polychrome.

215 — Six fourchettes avec manches, en pâte tendre de Chantilly. Décor bleu.

216 — Deux couteaux à découper avec manches en Chantilly. Décor bleu.

217 — Médaillon de Nini, représentant l'abbé de Chaulieu.

218 — Deux petits porte-bouquets en argent émaillé.

219 — Paire de boucles en argent et stras.

220 — Cadre de miniature, style Louis XVI, entouré de laurier.

221 — Trois ornements de meubles en bronze. Époque Empire.

222 — Médaillon de Nini : Portrait de Mme de Flesselles.

223 — Trois étuis anciens.

224 — Trois étiquettes à vin en émail.

225 — Petit nécessaire et un porte-cartes en maroquin.

226 — Deux tabatières en émail de Saxe.

227 — Huit bonbonnières diverses.

228 — Deux petits cadres en bronze. Louis XVI.

229 — Petit médaillon en terre cuite : la Famille royale de Louis XVI.

230 — Bonbonnière en vernis de couleur, décor : Portrait de femme en Diane.

231 — Trois petites bonbonnières avec miniatures.

232 — Bonbonnière en argent doré; dessus en spath.

233 — Huit cadres à miniatures en bois noir.

234 — Douze cadres en bois sculpté et doré des époques Louis XIV, Louis XV et Louis XVI. (Sera divisé.)

235 — Cadre en bois sculpté Louis XV; intérieur ovale.

236 — Cinq cadres, époques de Louis XIV et Louis XV.

TABLEAUX

ANCIENS & MODERNES
Dessins — Pastels

BOILLY

237 — *Jeune Homme et Jeune Femme.*

BOUCHER

(Attribué à)

238 — *Portrait de la marquise de Pompadour.*

BOURGEOIS

239 — *Portrait d'un gentilhomme.*

En costume militaire, tenant à la main une bonbonnière avec une miniature.

Signé et daté 1792.

CHARDIN

240 — *Portrait de jeune homme endormi.*
Signé.

CLAUDE LORRAIN
(École de)

241 — *Paysage au bord de la mer.*

COYPEL
(Attribué à)

242 — *Portrait de dame de la cour.*
Représentée en Cérès.

DE DREUX
(Signé ALFRED)

243 — *Un Officier de manège.*
En costume Louis XV, à cheval, dans le parc de Versailles.

DUPLESSIS

244 — *Portrait d'un duc de Nassau.*

Costume à collerette.
Cadre ancien en bois sculpté et doré.

FRAGONARD

245 — *Le Puits d'amour.*

A subi des retouches.
Signé Frago.

FRANÇOIS
(JOS)

246 — *La Jeunesse et l'Amour.*

Signé.

GREUZE
(Attribué à)

247 — *Portrait de jeune fille jouant avec son chien.*

248 — *La Laitière.*

Esquisse.

GUYARD LABILLE

(Mme)

249 — *Portrait de femme.*

Dessin aux trois crayons, rehaussé de gouache.

HEINSIUS

250 — *Portrait de Dalayrac.*

Représenté assis, composant un morceau de musique. Vêtu d'une robe de chambre en soie bleue à rayures, avec gilet entr'ouvert laissant ressortir les dentelles de sa chemise. Il est tourné de trois quarts, le visage souriant, coiffé d'une perruque poudrée. Sur la table, une vielle.

Joli tableau.

Cadre ancien en bois sculpté et doré.

JORDAENS

(École de)

251 — *Allégorie.*

Petit tableau.

LANCRET
(École de)

252 — *La Cueillette des poires.*

Panneau décoratif.

LARIVE

253 — *L'Orage.*

MALTAIS
(Attribué au chevalier)

254 — Tables avec tapis brodés, chargées de fruits.

Deux pendants.

MONNOYER
(Attribué à BAPTISTE)

255 — Vases et coupes artistiques chargés de fleurs retombant en guirlandes.

Deux beaux tableaux décoratifs.

Cadres en bois sculpté de l'époque. (Ont été redorés.)

MIGNARD
(École de)

256 — *Portrait présumé d'Anne d'Autriche.*

Toile ovale.

MOREAU
(Attribué à LOUIS)

257 — *Paysan et Lavandières au bord d'une rivière.*

Paysage montagneux avec vues d'église et de monuments. Route à gauche sur l'autre rive et animé de figures.

Jolie gouache.

NANTEUIL

258 — *Portrait d'homme du temps de Louis XIV.*

Signé et daté 1662.

259 — *Portrait d'homme du temps de Louis XIV.*

NATTIER
(D'après)

260 — *Portrait de la reine Marie Leczinska.*

NETSCHER

(Attribué à)

261 — *La Duchesse de Longueville.*

Représentée en costume de Diane chasseresse, décolletée, corsage à cuirasse brodée, robe rose et de brocart blanc parée de joyaux, de colliers de perles, tenant une lance à la main. En perspective, par un soleil couchant, on aperçoit les bords de la Seine.

NONNOTTE

(DONAT)

262 — *Portrait présumé du Dauphin.*

PILS

263 — *La Place Pigalle.*

RIGAUD
(HYACINTHE)

264 — *Portrait du peintre.*

> En costume de brocart d'or et de velours amplement drapé. Représenté à mi-corps, la tête tournée de trois quarts.
>
> Beau pastel signé et daté.
>
> Cadre ancien en bois sculpté et doré.

RUBENS
(École de)

265 — *Portrait de femme avec ses deux enfants.*

266 — *Le Jugement dernier.*

> Cadre en bois sculpté et doré Louis XIV.

SAINT-AUBIN
(Attribué à)

267 — Deux dessins.

> Cadres en bois sculpté.

SNYDERS
(Attribué à)

268 — *Le Marchand de poissons.*

SWEBACH

269 — *Cavaliers.*

270 — *Scène militaire.*
Gouache.

TRINQUESSE

271 — *Portrait de Mlle Dugazon.*
Signé et daté.

VAN DYCK
(École de)

272 — *Portraits de Charles III d'Angleterre et de sa famille.*

VAN GOYEN

(Genre de)

273 — *Canal de la Hollande.*

Animé de barques et de figures.

VAN THULDEN

(Attribué à)

274 — *Intérieur de l'atelier du peintre.*

On lit difficilement une indication du mono-gramme.

Cadre en bois sculpté et doré ancien.

VESTIER

(Attribué à)

275 — *Portrait de Mme de Saint-Pierre.*

Cadre en bois sculpté ancien.

VIVIANO

276 — *Paysage avec figures.*

Dessin en couleur.

ÉCOLE ANGLAISE

277 — *Portrait de femme.*
Dessin.

ÉCOLE ANCIENNE

278 — *Port de mer d'Italie.*

279 — Sujets allégoriques.
Deux sous verre.

280 — *Scène pastorale.*

281 — *L'Ascension.*
Panneau principal provenant d'un diptyque.

ÉCOLE FLAMANDE

282 — *Le Baptême.*

283 — *Intérieur d'un atelier de sculpteur.*

ÉCOLE FRANÇAISE

284 — *Le Départ du village.*
Panneau décoratif.

285 — *Souvenir d'Orient.*
Panneau décoratif.

286 — *Portrait de femme avec collier de perles.*

287 — *Portrait de femme.*
En costume Louis XV, tenant un éventail.

288 — *Portrait de femme.*
En costume Louis XVI.

289 — *Portrait de Louis XIV.*
En costume de guerre.

290 — *Portrait de jeune fille.*
Représentée la tête penchée à droite.
Pastel.

ÉCOLE FRANÇAISE

291 — *Portrait de femme du temps de Louis XV.*

Coiffée à la poudre.

292 — *Portrait présumé de Pierre le Grand.*

En costume de guerre.
Cadre en bois sculpté.

293 — *Portrait de gentilhomme.*

A perruque poudrée.

294 — *Portraits de deux jeunes filles du temps de Louis XV.*

Cadre en bois sculpté.

295 — *Profil d'homme.*

Dessin rehaussé de couleur.

296 — *L'Amour à l'aigle.*

Dessus de porte.

297 — *Corbeilles de fleurs.*

Cadres anciens.

ÉCOLE FRANÇAISE

298 — *Guerrier de l'antiquité remettant un coffret et un livre à des messagers.*

299 — *Portrait de la duchesse de Bourgogne.*

3oo — *Portrait de vieille femme.*

3o1 — *Chevaux et voitures.*

3o2 — *Portrait de dame de l'époque Louis XVI.*

3o3 — *Jeune Fille.*

Coiffée d'un chapeau très relevé. Style Louis XVI. Dessin.

3o4 — *Salutation angélique.*

3o5 — *Portrait présumé de la marquise de Parabère.*

Représentée en costume de cour de brocart blanc brodé d'or, avec manteau bleu drapé et rattaché à l'épaule par une agrafe.

ÉCOLE FRANÇAISE

306 — *Fruits et légumes.*

Deux pendants.

307 — *La Sortie de la ferme.*

308 — *Le Triomphe d'Amphitrite.*

Dessus de porte.

309 — *Sainte Famille.*

310 — *Portrait d'une fille du roi Louis XV.*

Joli pastel.

311 — *Portrait de jeune femme du XVIIIᵉ siècle.*

Coiffée d'un grand bonnet ; vue de profil.
Dessin rehaussé de couleur.

312 — *Enfant allant couronner de fleurs la Jeunesse.*

Panneau décoratif.

ÉCOLE FRANÇAISE

313 — Sujets allégoriques.

Peintures sur fond d'or vernis Martin.
Quatre panneaux.

ÉCOLE DU XIVe SIÈCLE

314 — Majuscule avec miniature.

Fragment d'une page de missel de l'époque.

ÉCOLE DU XVIe SIECLE

315 — *Le Lavement des pieds.*

Un Archange.

Deux peintures sur un même panneau. Provenant d'un diptyque.

ÉCOLE FRANÇAISE

(xviie siècle)

316 — *Madone.*

> Avec costume enrichi de pierreries incrustées.
> Peinture sur ardoise.

ÉCOLE GRECO-BYZANTINE

317 — *L'Ensevelissement de la Vierge.*

ÉCOLE ITALIENNE

318 — *Moïse sauvé des eaux.*

319 — *La Sainte Famille.*

GRAVURES

320 — **Demarteau** (D'après Deshayes). Femme vue de dos.

321 — **Vernet** (D'après). Chevaux.

Douze lithographies gouachées.

322 — **Huet**. Le Coq secouru.

La Petite Bastille détruite.

La Petite Attaque.

Les Petits Gourmands.

Quatre pièces en couleur gouachées.

323 — **Alexander**. Sujets chinois.

Trois lithographies.

324 — **Dubucourt** (D'après Huet). Scène champêtre. Pièce en couleur.

325 — **Saint-Aubin**. Soyez discret.

Le Baiser.

326 — **École française**. Scène mythologique.
Six pièces en couleur dans trois cadres.

327 — **Vernet**. Scènes de chasse.
Deux pendants.

328 — Portrait de Descartes.

329 — Portrait du duc de Broglie.

330 — **École anglaise**. La Duchesse de Cumberland.

LIBRAIRIE DE L'ART